大展好書　好書大展
品嘗好書　冠群可期

大展好書　好書大展

品嘗好書　冠群可期

彩色圖解
太極武術
19

楊氏 37 式太極拳
（附 VCD）

趙幼斌　著

大展出版社有限公司

國家圖書館出版品預行編目資料

楊氏37式太極拳+VCD / 趙幼斌著
－初版－臺北市：大展，2005【民94】
面；21公分－（彩色圖解太極武術；19）
ISBN 978-957-468-412-0（平裝；附影音光碟）
1. 太極拳
528.972　　94015543

楊氏37式太極拳+VCD

著　　者／趙　幼　斌
責任編輯／佟　　暉
發 行 人／蔡　森　明
出 版 者／大展出版社有限公司
社　　址／台北市北投區（石牌）致遠一路2段12巷1號
電　　話／(02) 28236031・28236033・28233123
傳　　真／(02) 28272069
郵政劃撥／01669551
網　　址／www.dah-jaan.com.tw
E-mail／service@dah-jaan.com.tw
登 記 證／局版臺業字第2171號
承 印 者／弼聖彩色印刷有限公司
裝　　訂／建鑫裝訂有限公司
排 版 者／弘益電腦排版有限公司
授 權 者／北京體育大學出版社
初版1刷／2005年（民94年）10月
初版3刷／2010年（民99年） 2月　　定價／350元

作者簡介

趙幼斌　1950年生於西安，祖籍河北省永年縣廣府鎮。其父爲楊氏太極拳定型者楊澄甫宗師的侄外孫、楊氏太極拳第四代嫡傳人趙斌先生。他七歲習武，對楊氏太極拳探求不綴，領悟頗深，悉心傳播，成就斐然，是我國楊氏太極拳第五代傳人中的優秀代表之一。

趙幼斌先生現任陝西省武術協會委員、西安市武術協會委員、西安永年楊氏太極拳學會會長，並兼任中國永年國際太極拳聯誼會副秘書長，西安交通大學、南開大學、香港中文大學等高校及深圳太極拳研究會、泰國永年楊氏太極拳學會等組織的名譽會長和教練。著有《楊氏太極拳眞傳》、《楊氏28式太極拳》、《楊氏51式太極劍》等書及配套VCD教學光碟，並發表太極拳論述多篇。他所組編的楊氏28式和37式太極拳表演競賽套路，在海內外具有廣泛影響。

聯繫方式：
1. 深圳市圓嶺新村 88 棟 4 單元 208 室
郵編：518028
電話：0755－82126985
2.西安市東關樂居廠正街 155 號
郵編：710048
電話：029－2223589
E－mail：zhaoyoubin@yahoo.com

楊氏 37 式太極拳

說　明

楊氏 37 式太極拳套路是 1997 年春上開始構思創編的。先在西安永年楊氏太極拳學會和西安交通大學太極拳學會試編試教，隨後又在河北廊坊、滄洲、天津和承德等地教授。在歷時五個月的時間裡，邊實踐感受，邊聽取意見，而最後定型。

這個套路是基於社會發展需要而創編的。一是有利於初學者在短時間內掌握楊氏太極拳的基本動作，這對於一聽「85 式」就望而生畏的人和想在短時間內掌握一種套路的人顯然有益；二是有利於參加太極拳集體表演活動和傳統套路項目的競賽。就時間而言，「37 式」一套練下來，慢則 8 分鐘，快則 6 分鐘，既符合競賽與表演要求，又能淋漓盡致地表現出傳統套路的動作與風格。「85 式」打一遍約 20 多分鐘，就感受而言，久練傳統太極拳的人還是練 85 式過癮。所以，「37 式」只是傳統套路的一個縮影，而不能代替「85 式」的傳統套路。

順便說明這套拳為什麼叫「37 式」，而不叫 38 式、39 式或 40 式等。就動作名序而言，似乎也可以不稱 37 式，如「預備勢」就可稱一式，「右分左蹬腳」、「單鞭下勢」等就可分開來編序。之所以稱「37 式」，一是不想使之與現有的楊式太極拳有相重名序的叫法，以免學練者混淆；二是作者有意與唐之許宣平所傳太極三十七勢（又名三世七）相合，然其意僅在借用其名，而非許之三十七勢，就像用同一詞牌名而填不同的詞一樣。

在編排這個套路時，作者堅持以下幾個原則：

1. 基本上按「85 式」動作順序，去掉套路中的重複動作再組合而成；

2. 其演練特點和風格與傳統套路一致；

3. 動作做法和要領與傳統套路一致；

4. 動作緊湊，內容集中，編排順達，布局合理，既要概括傳統套路的動作，又能與國家競賽要求一致。

令人感到欣慰的是，這個套路自問世以來，從學者不少，海外學生也多有習練者。自 1997 年以來，我的許多中外學生以此套路參加全國和國際太極拳比賽亦累獲金銀獎牌。1998 年，陝西省委「金秋雜誌社」在「健康長壽」欄目對此套路加以連載。1999 年，陝西省電視臺在「中國功夫」欄目進行過教學播映。2000 年，南開大學太極拳研究會為這個套路拍了照片；北京體育大學出版社將此套路出版了相應的音像製品附於《楊氏太極拳真傳》一書之內，從而擴大了社會影響。今天，又將《楊氏 37 式太極拳》製成書配碟單行本發行，以其滿足更多人群的學練，我感到十分欣慰。這裡，我向為此而做出積極工作的各界朋友致以由衷的感謝。

作者　於香港

動作名稱

預備勢
1. 起　勢
2. 攬雀尾
3. 單　鞭
4. 提手上勢
5. 白鶴亮翅
6. 左右左摟膝拗步
7. 手揮琵琶
8. 抱虎歸山
9. 肘底看捶
10. 倒攆猴
11. 海底針
12. 扇通背
13. 斜飛勢
14. 雲　手
15. 單　鞭
16. 高探馬
17. 右分左蹬腳
18. 轉身左打虎
19. 回身雙峰貫耳
20. 進步栽捶
21. 翻身白蛇吐信
22. 左右野馬分鬃
23. 左右玉女穿梭
24. 上步穿掌
25. 十字腿（單擺蓮）
26. 進步指襠捶
27. 上步攬雀尾
28. 單鞭下勢
29. 左右金雞獨立
30. 退步七星
31. 退步跨虎
32. 轉身擺蓮
33. 彎弓射虎
34. 進步搬攔捶
35. 如封似閉
36. 十字手
37. 收　勢

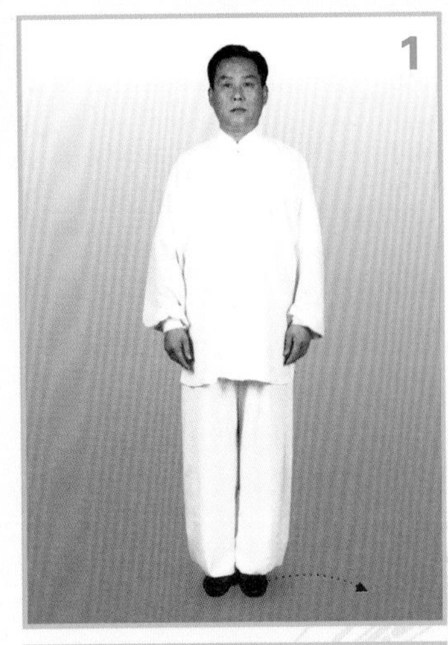

預備勢

面朝南，兩足併立，兩臂自然下垂，腋下留有空隙。兩掌心朝內，五指自然伸直。頭正直，目平視（圖1）。

【要領】

心靜體鬆，周身骨節、肌肉、內臟在意識的引導下，自然鬆弛，形成上虛下實。做到「立身中正安舒」，並貫穿於整個套路動作之中。

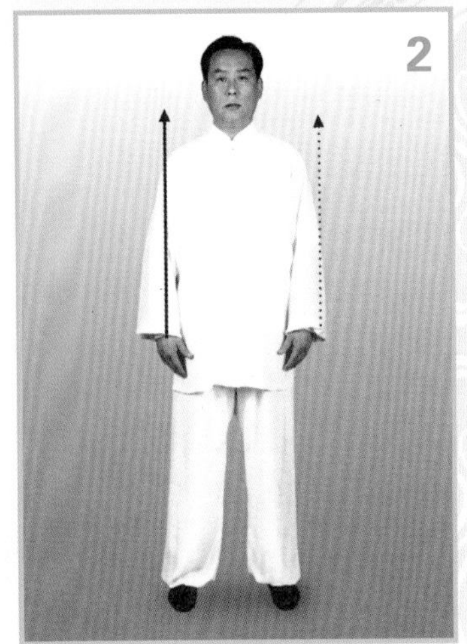

第一式　起　勢

1. 左腳輕提，向左平移一腳許，先腳掌後腳跟落地踏實，同肩寬，身體重心相隨地移至兩腳中間。接著，兩臂緩緩向前平舉至肩高，同肩寬。同時臂內旋使兩掌心朝下，五指朝前（圖2、3）。

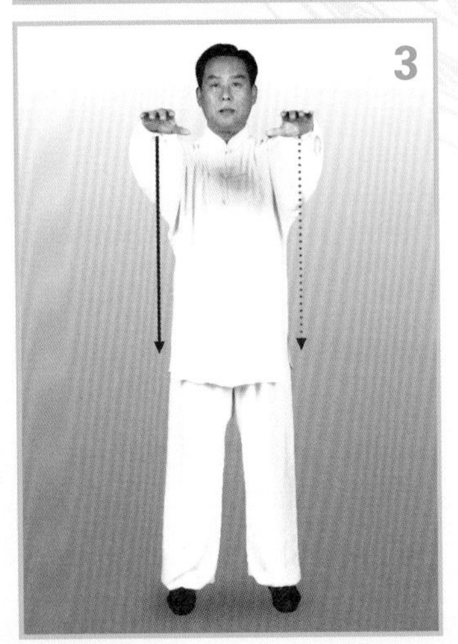

2. 隨即兩肘下沉，帶回小臂漸向下按至兩胯旁前，掌心朝下，五指朝前，眼平視（圖 4）。

4

【要領】

兩手平舉時，應以兩手中指領勁，帶動腕、小臂、大臂，並徐徐吸氣，身體有拔長、內力充實之感；落臂時，肘尖下沉，帶回小臂，並緩緩呼氣，使內氣沉入丹田。同時注意舉臂時腳跟勿起，落時腿勿蹲，應使周身骨節在「寓動於靜，靜中求動」之中。

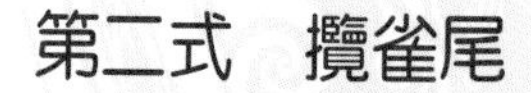

第二式　攬雀尾

(一)左掤勢

1. 兩膝微屈，身體略沉，兩掌稍向左向上微起（圖 5）。接著右腳尖外撇 60～90 度，身體隨轉，重心移於右腿屈膝坐實，左腳跟隨之領起。與此同時，右掌隨轉體經腹前向上向右至右胸前，掌心先朝裡，再漸內旋，使掌心朝下；左手隨轉體向右平抹，掌心朝下，與腹同高（圖 6）。

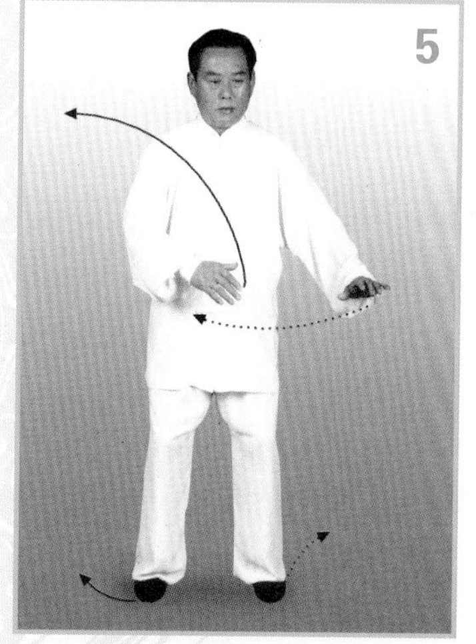
5

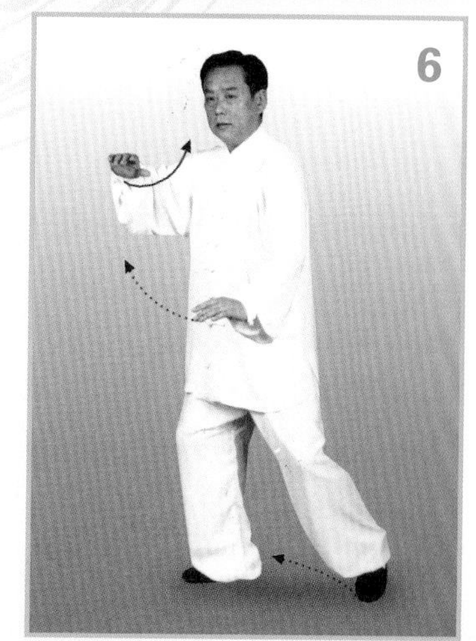
6

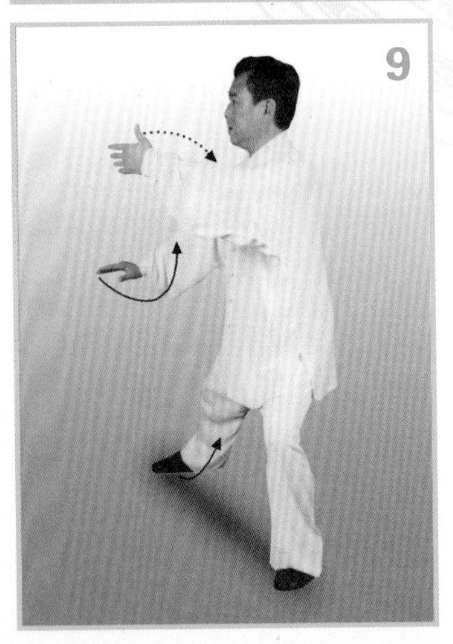

2. 前勢不停，右掌向外向右向裡抹一小平圈，掌心仍朝下，左手也同時經腹前向右弧形抄至右臂下方，隨抄隨著臂外旋使掌心翻朝上，與右手成抱球狀；同時左腳離地虛領（圖7）。接著左腳向正南方邁出一步，先以腳跟著地（圖8），隨之身體轉朝西，左腳尖內扣約30度踏實，然後重心移向左腿，蹬右腿成左側弓步勢，此時的左腳尖同右腳心在一條直線上；隨弓步左小臂向左弧形掤出，左掌高與肩平，掌心朝右偏上，左肘與腕平略低，肘尖與左膝齊；右掌向右下採，掌心朝下，坐腕，手指朝前。眼神顧及兩掌前視（圖9）。

【要領】

1. 在敘述手眼身法步的動作時雖有先後，但身體各部必須同時開始和同時完成，做到協調一致，「一動無有不動，一靜無有不靜」。

2. 兩手臂橫向拉開時，要「開中寓合」，兩手掌要有內合之意，不要向外散。

3. 左膝要與左腳尖齊，勿裡扣，右腿勿太屈或繃直，兩胯要沉坐。

(二)右掤勢

1. 重心移向左腿，右腿自然領起，腰稍左轉。同時左臂內旋，使掌心朝下移於左胸尺許，右掌隨之由向左經腹前弧形抄至手下，臂外旋使掌心朝上，與左手成抱球狀，兩臂呈弧形（圖 10）。

2. 右腳向正西邁出一步，先以腳跟著地，隨著重心前移而全腳踏實，右腿弓，左腿蹬成右馬步勢。同時右小臂由下向前上掤，掌心朝內，高與胸平，左掌隨右臂略向下向前推送，掌心朝前下，兩手腕部前後距離約一肘為度。眼神先顧及兩手左側抱球，再隨右掤前視（圖 11、12）。

【要領】

凡邁步（或撤步），必須分虛實，即以坐實之腿來控制所邁之步，先以腳跟（或腳尖）輕著地，感到實了，然後再鬆腳腕，緩緩移動重心，做到「邁步似貓行」；凡弓步，所弓之膝前不超過腳尖，後則以垂直於腳跟為度，腳尖要正，膝與膝尖方向一致。後腿膝關節不能挺直，也不能太屈，而應寓意於直中有鬆。兩腳橫向距離約肩寬，不能在一條直線上。掤要圓掤，手臂不要前伸，肩關節不可前探，身體不可過於前撲，胯要沉且開。

(三)擺　勢

1. 兩臂稍前展，同時右臂內旋使掌心朝左下，左臂外旋使掌心朝右上，腰胯微鬆沉（圖 13）。

2. 重心坐實左腿，成右虛步，同時身體微左轉。兩臂隨體向左向後黏擺，左手在左肋前，右手仍與左手保持一腕肘距離（圖 14、15）。

【要領】

重心後坐時應注意膝開、襠圓、鬆胯，前腿膝關節不能挺直而要微弓，回擺時兩掌不外豁，也不要向下擺，兩肘尖鬆活，腋下要空。

(四)擠　勢

身體微右轉，重心漸前移成右弓步勢。同時右臂外旋使掌心朝裡，左臂內旋使掌心對右肘窩，隨著弓步右手前擠，左掌弧形移向右掌脈門外，若即若離。眼向前視（圖 16、17、18）。

【要領】

擠勢初動時腰胯微右轉，雙手擠出時身向正前方，注意沉肩墜肘，拔背落胯。

(五)按　勢

1. 右臂內旋使掌心朝下，左掌心經右掌上平抹，隨即兩掌分開，稍窄於肩（圖 19）。接著身體重心後移成右虛步，同時屈肘撤掌上提，隨撤隨著臂外旋，使兩掌心稍相對下沉，停於胸前（圖 20、21）。

2. 接著重心前移成右弓步，同時兩掌向前微向上弧形推出，隨推隨著臂內旋使掌心漸朝前，坐腕，指尖朝上，掌心與肩平。眼神先關顧兩掌回抹，再隨按出前視（圖 22）。

22

【要領】

重心後移時腰胯要鬆活，後坐時臀部勿撅，前腳尖勿翹，身體保持中正。兩臂回屈肘不夾肋，前伸不要過直。

23

第三式　單　鞭

1. 右腿重心不變，兩掌展平，掌心朝下，右胯微沉，腳尖微翹，然後右腳尖隨後腿盡量內扣，同時身體左轉帶動雙臂向左抹轉半個平面橢圓至東南方向與左腳齊，兩掌保持同肩高寬（圖 23、24）。

24

2. 身體微右轉，兩掌屈肘微收，經胸前向右抹轉半個平面橢圓，兩掌心仍朝下（圖 25）。

3. 重心全部落實右腿，左膝領起使左腳離地自然下垂。同時右掌向右斜方伸出，五指尖漸撮攏，指尖下垂成吊手，左掌臂外旋使掌心朝裡（圖 26）。

4. 身體向左微轉，左腳向正東方邁出，先腳跟落地，再全腳踏實，重心左移成左弓步勢。同時，右吊手繼續鬆肩右伸，左掌經面前隨左腿方向內旋向上弧形展出，掌心朝前，坐腕與肩高，眼隨左手前視（圖 27、28）。

【要領】

1. 由右向左轉體，右腳腕與右胯放鬆，手、腰、腳同時左轉。

2. 旋轉時身體要正，去時胸不俯，回時身不仰。還要注意身勢平穩，不可忽高忽低。

3. 勢定時，左手尖、鼻尖、足尖方向一致，叫三尖相對。右手尖與右腳尖對，叫上下相垂。對身體的整體要求，做到「外三合」，即「肩與胯合，肘與膝合，手與足合」，同時做到肩沉，背圓，胯落。

第四式　提手上勢

1. 左腿重心不變，腳尖內扣 45 度落實，身體隨之自然右轉。

同時，左手隨左腳內扣稍裡收，右吊手變掌，與左手同時掌心朝下，墜肘，兩臂微合於兩肋旁前（圖 29）。

2. 接著右腳提起，向身體正南一步偏右落地，腳尖自然翹起，右膝微弓成右虛步。隨著右腳邁出，兩掌合勁，向身體前方偏右伸出，右掌在前，高與鼻齊，掌心向左。左掌在後，掌心朝右，正對右肘關節。眼神顧及兩掌動作，成提手時通過右掌前視（圖 30）。

3. 腰稍左轉，左掌內旋使掌心朝下與左胸齊，右手向下鬆落弧形抄至左臂下側，掌心朝上與左手略成抱球狀。隨之右腳稍提即落原地，先腳跟著地（圖 31、32、33）。

33

34

4. 隨右腳落地，腳尖內扣 30 度踏實，重心漸移向右腿成右側弓步勢。同時隨弓步右臂向右靠擠，右掌與肩平，掌心朝左。左手坐腕，附於右肘關節裡側。眼神先顧及右臂靠擠，再隨右掌前視（圖 34）。

【要領】

凡虛步，後腿重心十之有九，前腳十之僅一，實腿要鬆胯坐實，虛腿腳腕、膝均要放鬆，前腿之膝不能伸直，也不能太屈。身體不可前俯，臀部不可突出。也要注意「外三合」要求，身體稍偏左「肩與胯合」；手腳上下呼應「手與足合」；雙膝微開襠圓，兩肘不抬不夾，鬆掤有度，自覺上下勢渾，「肘與膝合」。在做靠擠動作時，身體不能過右，肩不可聳起，肘不過屈。

第五式　白鶴亮翅

腰微右轉，使重心落於右腿，左腳稍提起，移至右腳前，腳掌輕著地，膝微弓。隨著左腳著地，腰隨和地朝正東轉正；同時右掌向前上弧形提起，隨提隨著臂內旋，使掌心翻向前，指尖朝左上，停於右額前上側。左掌也同時弧形下落於左胯旁前，掌心朝下，指尖向前，眼神顧及兩掌上下分開，即向前平視（圖 35、36）。

【要領】

由前勢過渡到白鶴亮翅，其勢要連貫，要有朝上的氣勢，但右腿仍要下坐，沉氣落胯腰拔起，應有上下對拉、肢體拔長之感。勢定時，重心不可過於偏右，左肘尖不可過背，不可外翻，也不要夾肋，要自然鬆沉。右肘尖不可翻起，也不要故意下落，意在肩沉，臂圓，掌撐。

第六式　左右左摟膝拗步

(一)左摟膝拗步

1. 右腿重心不變，腰右轉約 30 度，右掌自上而下臂外旋，經面前、胸前弧形落至右胯旁，掌心朝裡上。同時左掌也自下而上弧形移至胸前中線，掌心朝下（圖 37、38）。

2. 腰身仍右微轉，左腳提起，腳尖自然下垂，右手仍弧形向右斜角上移，高與肩齊，掌心朝上。左手繼續向右弧形落於右胸前，掌心朝下。眼神隨右手，顧及左手（圖 39）。

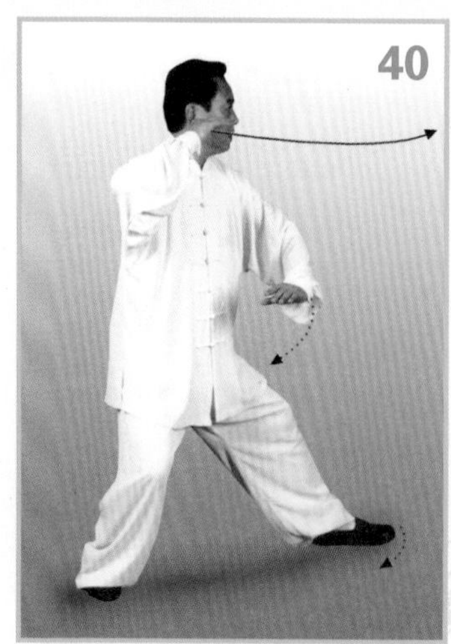

3. 左腳向前邁出一步，先腳跟落地。左掌向前下移至腹中線，掌心朝下，而右掌同時向肩、耳旁移動，內旋使掌心朝前下，同時腰身稍向左鬆轉（圖 40）。

4. 接著左腳踏實弓步成弓步勢，左掌經膝前上弧形摟至左膝旁，掌心朝下，五指朝前。而右掌同時向前沉肘腕推出，掌心朝前，與右肩窩齊，五指朝上，高不過口。眼隨右掌推出前視（圖 41）。

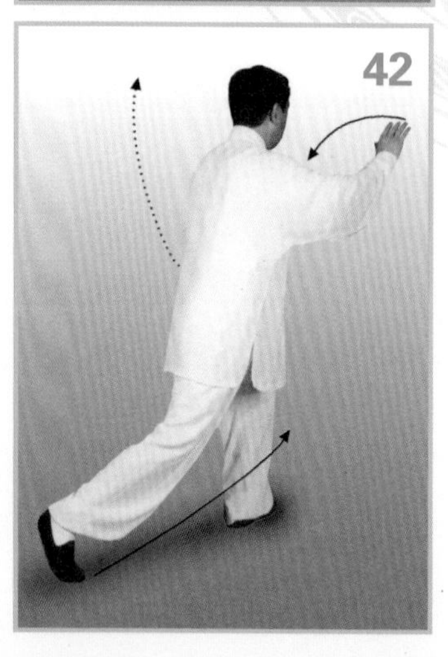

(二)右摟膝拗步

5.動作與「左摟膝拗步」同，唯方向相反，但要注意由第4動變「右摟膝拗步」時，重心不向後移，仍以左腳跟為軸，左腳尖外撇45度，重心前移，起右腳，腰左轉，同時左肘微鬆動後移，臂外旋，使掌心漸翻朝上，右掌也自然向左微弧形後移（圖42），接著就與動作2，3，4同，方向相反（圖43、44、45）。

43

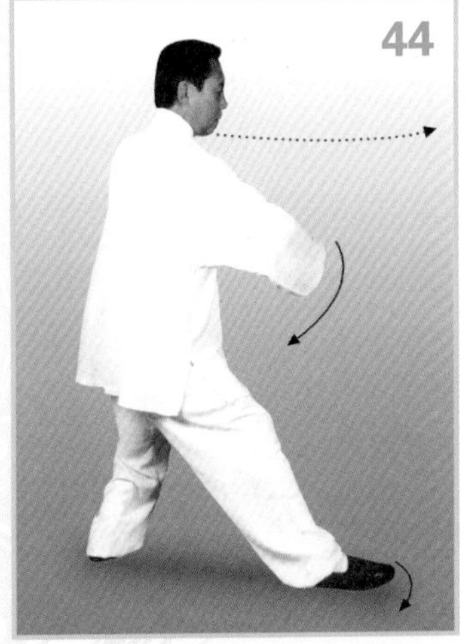
44

45

(三)左摟膝拗步

6. 動作與「右摟膝拗步」第 5 動同，方向相反，接著接「左摟膝拗步」動作 2，3，4 做即可（圖 46、47、48、49）。

【要領】

1. 凡上步或連續上步時，重心都不向後移。注意實腿換步時，前胯根要有鬆沉之感，使重心直接落於實腿腳跟，腳掌就會自然變虛，然後開胯外撇腳尖，再上步自然就會實中有虛，輕靈沉穩。切忌故意蹲腿和用實腿膝尖帶腳腿外擺。

2. 注意四肢要隨合協調，「一動俱動，一到俱到」，摟膝、推掌、弓步同時到位。動作姿勢要高低平穩，不要出現身體後仰前俯的現象。

第七式　手揮琵琶

重心稍前移，右腳輕提向前一腳許落下，隨後重心移於右腿，左腳稍起距原地向前一腳許落下，腳跟著地，腳尖微翹成左虛步勢。同時，右手先稍前鬆送，隨重心後移向右胸前下回採　，臂外旋使掌心朝左，左掌由下向前上弧形上舉，臂外旋使掌心朝右，高與眼眉齊，兩手如抱琵琶狀，此時右手掌心正對左肘。眼神顧及右掌後撤，隨即通過左掌向前平視（圖 50、51、52）。

【要領】

重心一前一後的虛實轉換要求上體正直，不可前俯或後仰，兩手折疊時要隨著鬆腰拔背兩臂微向前送，有意氣下沉，勁往前發之勢。

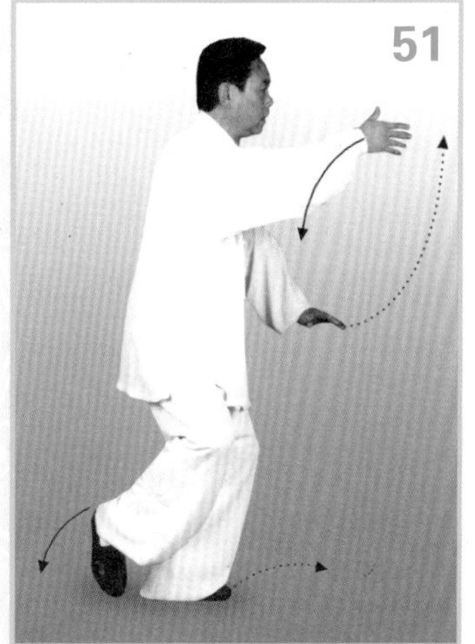

第八式　抱虎歸山

1. 右腿重心不變，體右轉，左腳尖內扣約 135 度，同時右手稍上移至鎖骨前，隨移隨臂外旋，使掌心朝裡；左手同時內收至右手裡側，腕部相交，掌心朝裡；過渡成十字手勢（圖 53）。

2. 接著身體重心移向左腿，仍屈膝沉坐，同時，左臂以肘帶手自胸前向左下再向左斜角弧形上展，掌心翻朝右上與肩齊，右掌內旋向左胸前下沉，掌心朝下坐腕。此時，右腿隨左手上展自然提起，眼神關顧左手上舉（圖 54、55）。

3. 鬆腰胯，體右轉，右腳向西北方邁出落下，隨即弓步成右弓步勢。同時右掌心朝下，經左膝前上向右摟至右膝旁，左臂屈肘使掌經左肩耳旁向前推出，掌心向前，眼神顧及右掌摟膝及向前平視（圖 56、57）。

【要領】

做動作 2 時重心左移，左手肘向左下抽動時，腰身要向左移動，注意肘腰之間意氣相連。

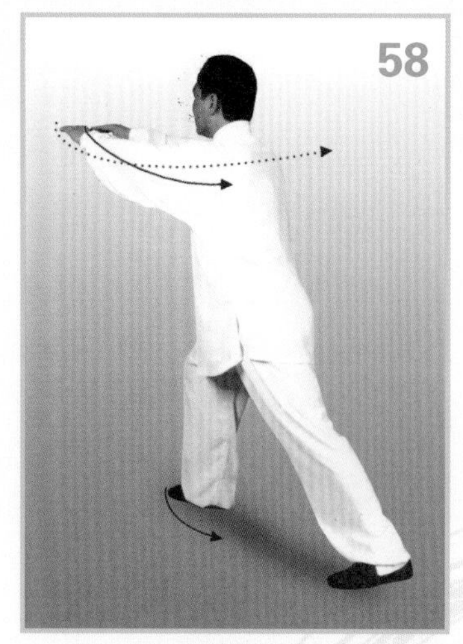

第九式　肘底看捶

1. 右腿重心不變，右手由下向前上平舉與左手平，兩掌心朝下，同肩寬，然後按單鞭的前半個動作，兩手隨右腳尖內扣，向左向外，再向裡向右平抹一個橢圓，接著左腳提起，右掌向右斜方坐掌伸出，左掌臂外旋使掌心朝裡抱於胸前，眼隨右掌平移（圖 58、59、60、61）。

2. 腰身向左鬆轉，左腳向正東擺出落下，兩臂隨轉體向左平移（圖62）。

3. 重心漸移於左腿，右腳隨即輕提，稍向右前移動半腳落下，同時左臂稍向前掤外捌，右手坐掌前隨（圖63、64）。

4. 隨右腳落地重心移於右腿，同時左掌向左下弧形翻轉下採，臂內旋使掌心朝下，而右掌平移至正前方，掌心朝下。此時身體重心正過渡於右腿（圖 65）。

5. 當重心全部落於右腿時，左腳隨之略提，稍向前移，腳跟著地成左虛步。當左腳提起時，左掌自下向裡經右臂內側向前上圓轉穿出，五指朝上，掌心朝右，高與鼻齊，此時左腳跟隨左手上舉而著地。同時右掌經左掌外側下蓋，隨蓋隨握拳置於肘下，拳眼朝上，拳心朝裡。眼神顧及左掌纏繞，勢將定時向前平視（圖 66、67）。

【要領】

兩腿的虛實轉換，要像蹺蹺板一樣此起彼落，注意身體平穩，不要忽高忽低，雙手運動中總要一手去一手跟，相連相隨，圓活飽滿，注意腋下要空，肘不夾肋。

第十式　倒攆猴

1. 重心不變，左腳輕踏實，同時左掌稍外旋前伸，右拳變掌，由肘帶掌外旋後抽使右掌移至右胯旁，掌心朝上，五指朝前。眼神關顧左掌前伸（圖 68）。

2. 重心全部移於右腿，左腳提起虛懸，腰身隨之右轉，同時，左小臂仍外旋前伸，掌心朝上，右肘繼續後抽，右掌隨抽隨著向右斜角弧形撩起，掌心朝裡上，高與肩齊。眼神關顧右掌後舉（圖 69）。

3. 左腳後撤一步，稍偏左落下，先以腳尖輕著地，同時腰微左轉，身體朝正前方。隨轉腰左肘微抽沉，右掌向上弧形收至肩耳旁，掌心朝裡下，眼前視（圖 70）。

4. 左腳跟內收落地，重心漸移向左腿。隨重心後移，右腳尖向左擺正落實成右虛步勢。同時左肘繼續後抽，使左掌移至左胯旁，掌心朝上，五指朝前。右掌從耳旁向前推出，沉肘坐掌，掌心朝前偏左，高與鼻齊。眼神顧及右掌前推（圖 71）。

動作 5、6 與動作 2、3 同，唯左右相反（圖 72、73）。

【要領】

退步時必須一腿坐實，控制另一腿的後退。後腳落步時，先以腳尖輕著地，似有先探虛實之意，虛了即能收回，實了漸次落下。所支撐的腿要始終保持原來的高度，速度也要保持原來的速度。兩臂圓轉運動時，始終注意雙肩要平，同時貫穿鬆肩、沉肘、坐腕的要求。

第十一式　海底針

1. 隨右腿撤步重心後移，同時左手從肩耳旁向前下按，右手臂外旋屈肘回帶至右胸前，掌心朝左，五指朝前。眼神顧及右掌（圖 74）。

2. 右腿坐實，左腳稍提收落下，腳掌虛著地，成左虛步，同時身體折腰下沉。隨折腰，右掌向下前插，指尖向前下，腕與左膝齊，左掌向前向下向左弧形下落於左膝旁，掌心仍朝下，五指朝前。眼神顧及右掌下插略前視（圖 75）。

【要領】

當重心後移時，右腰胯微後抽，右膝漸蹲，由腰勁領回右肘、右腕。當折腰時，左腳虛點地面，膝弓，重心仍在右腿，不可前移。右手下插時要鬆肩催肘，以肘催手。注意身體前俯時不要低頭弓背。

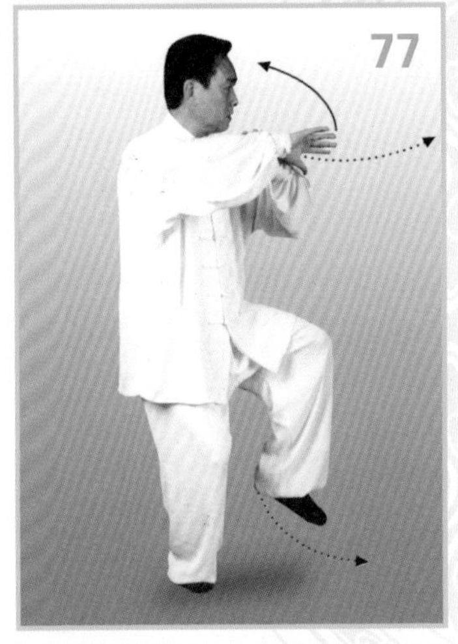

第十二式　扇通背

1. 身體漸起，右臂內旋，使掌心翻朝右下，同時左掌移於右腕內側，掌心朝右。隨身體拔起，左腳自然領起，右掌屈肘稍回帶，高與肩齊（圖76、77）。

2. 左腳向前邁出一步變左弓步勢，同時右掌弧形上托，掌心朝外，置於右額前，左掌向前平推，掌心向前，腕與肩平，坐掌，眼神隨左掌前視（圖78）。

【要領】

身體拔起時右腿要沉坐，不要立起。上腿弓步與右掌上托、左掌前推要一到俱到。還要注意鬆沉右肩肘。

第十三式　斜飛勢

1. 左腿重心不變，左腳尖內扣，身體隨之右轉。同時兩手順時針畫弧成抱球勢，右腳提起（圖 79）。

2. 接著右腳向西北方撤出一步，先以腳跟著地，接著腳尖外撇，兩腿沉胯開襠，兩腳呈外「八」字步。兩臂仍呈抱球狀（圖 80）。

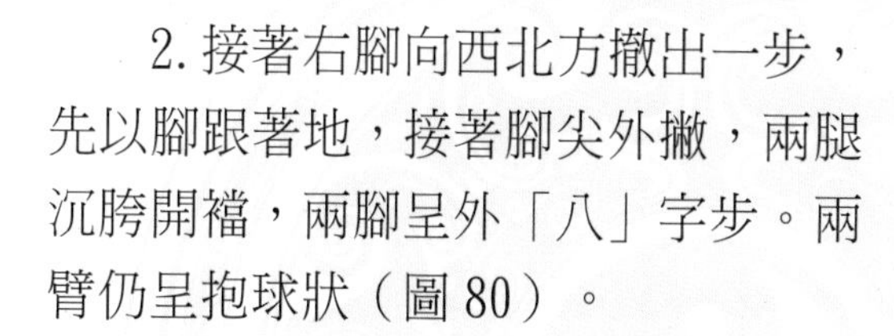

3. 鬆腰胯，右腳落實，重心右移成右弓步勢，同時右掌由下向西北方挒出與右腳方向一致，高與額齊。左掌向左下採，置於左胯前，掌心朝下。眼隨右手挒出前視（圖 81）。

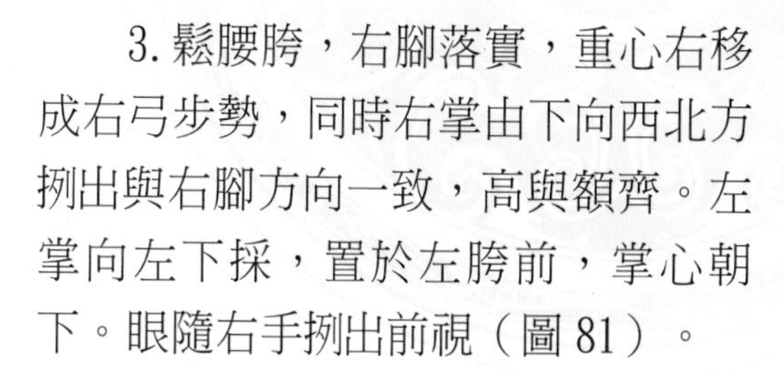

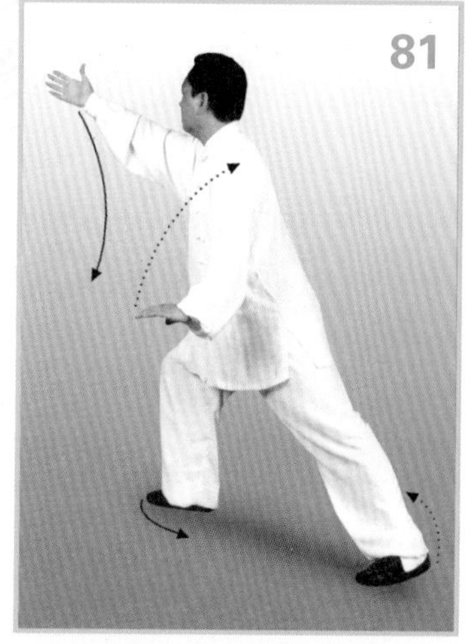

【要領】

斜飛勢是先撤步後轉身，不能一邊轉身一邊邁步。還要注意轉身時先鬆腰胯，避免笨拙。

第十四式　雲　手

1. 左腳跟內收使腳尖朝正南，同時重心左移。隨重心左移，腰身左轉，右腳尖內扣。與此同時，左手由左胯旁臂外旋稍逆時針弧形上掤與胸齊，掌心朝裡；右手臂內旋由上向下弧形落與右胯平，掌心朝下，眼隨左臂前視（圖 82）。

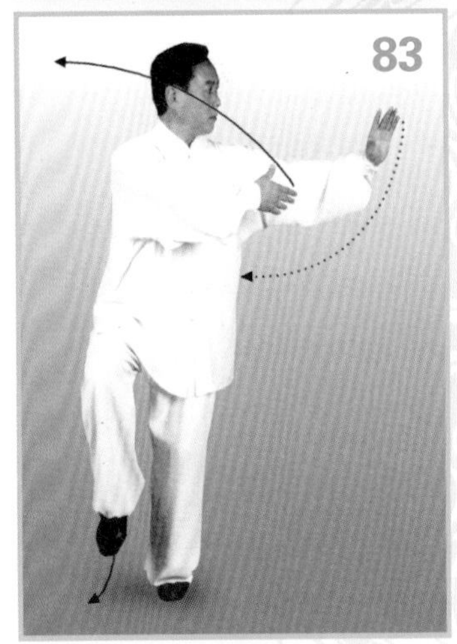

2. 腰身仍微左轉，右腿先腳跟後腳尖離地提起。同時左掌向左上弧形運展，隨運隨著臂外旋使掌心翻朝左前，坐掌，與肩平。右掌也同時配合經腹前向左上弧形運轉，漸外旋，使掌心翻朝裡與左肘對齊，兩臂呈弧形。眼隨體左轉移視（圖 83）。

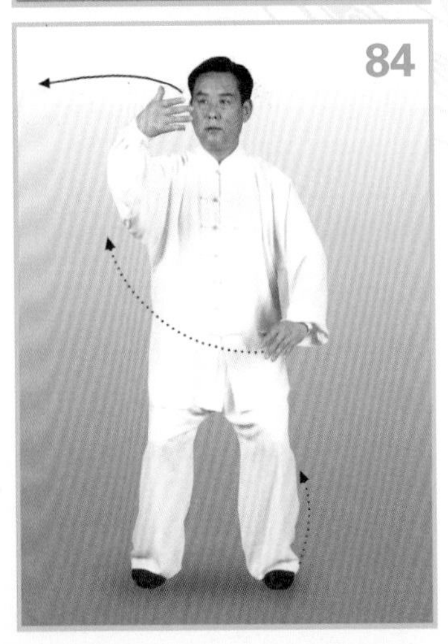

3. 右腳向左腳旁一腳許平行落下，先腳尖後腳跟著地，同時腰身右轉正前，重心移中，成小開步。右掌隨轉體自左而前向右順時針運轉，掌心仍朝裡，高與眉齊；同時左掌下沉逆時針移至左腹前，掌心朝裡下。眼神關顧右掌右運（圖 84）。

4. 重心右移腰右轉，左腿先腳跟後腳尖提起。同時右掌繼續順時針向右弧形運展，隨運隨著臂內旋使掌心翻朝右前下，坐掌，高與右肩齊。左掌繼續逆時針向上運轉，掌漸外旋使掌心翻朝裡與右肘對齊，兩臂呈弧形。眼隨右掌前視（圖 85）。

5. 左腳向左橫跨半步，先以腳尖著地，接著重心左移而全腳踏實成騎馬步。同時左掌繼續自右而上、而前逆時針運轉，掌心朝裡，高與眉齊。右掌下沉仍順時針移至右腹前，掌心朝下。眼神關顧左掌左運（圖 86、87）。

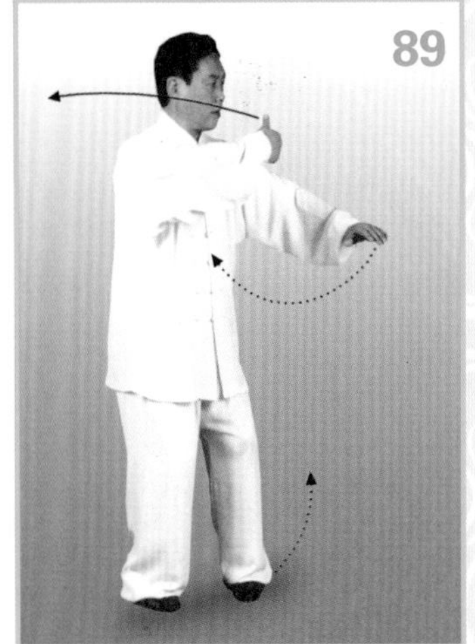

6. 重心左移，腰仍左轉，右腿提起。同時左掌仍逆時針向左弧形運展，右掌仍順時針向左上運轉，其動作與動作 2 同（圖 88）。

【要領】

雲手步法要平行橫向移動，踏下時要腳尖先著地，然後意含腳的外緣依次著地，而不是先腳跟或腳內緣先著地。一腳一經踏實，另一腳即離地，此起彼落，連綿不斷；兩臂運轉要自然鬆展、圓活、緊湊；四肢運動和身體轉動均要以腰為軸，腰隨手走，步隨身換，緩緩轉動，徐徐呼吸，注意立身中正，胯沉勢平和呼吸順遂舒暢的要求。

第十五式　單　鞭

1. 右腳下落於左腳旁，腳尖成 45 度內扣踏實，接著重心移於右腿，左腳提起。同時右掌向右斜方平展，臂內旋使掌心朝下，五指漸撮攏成吊手，左掌仍向下向右向上臂內旋使掌心朝裡抱於胸前（圖 89、90）。

動作 2 與第四式「單鞭」動作 4 相同（圖 91、92）。

第十六式　高探馬

1. 重心漸向後移，左腳隨重心後移而自然輕提。同時右吊手變掌，屈右肘，右掌水平弧形移至右肩前，掌心朝前下；左臂外旋，肘微屈，使掌心翻朝右上。眼神稍顧及右掌內收，隨即關顧左掌翻轉（圖 93）。

2. 重心全部移於右腿，左腳提回，向裡半步落下，腳掌輕著地，右腿同時徐徐立起，但勿過直。同時，右掌經左臂上前探，手指斜朝左前方，掌心朝下，高與眉齊；左掌經右掌臂下沉收於心口前，手臂斜橫於左肋旁，掌心朝上，指尖朝右前，體微上長。眼向前平視（圖 94、95）。

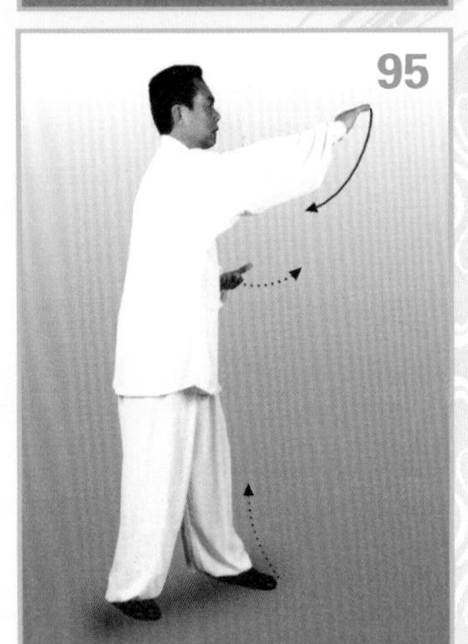

【要領】

重心後移時，收右胯根，腰微右鬆轉，使重心平穩過渡到右腿。身體立起時腰身微左轉正，同時注意沉胯拔背，右腿微屈，腳跟不能浮起，要有上下意氣對拉之感。右掌前探，注意鬆肩鬆肘，身體不要前俯。

第十七式　右分左蹬腳

(一)右分腳

1. 右腿漸屈蹲，左腳提起，同時右掌順時針向右往裡弧形抹轉，左掌也順時針向左向前平抹，右掌心仍朝下，左掌心仍朝上（圖 96）。

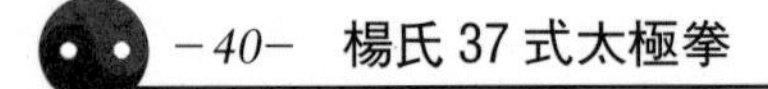

2. 左腳向左前（東北）邁出漸成左弓步勢，同時左掌隨邁步向前向右抹轉平弧，而右掌經左臂上向前向右抹展，此時左腿已成弓步，右臂向右斜方（東南）展出，掌心朝下，左掌在右肘裡側橫於胸前，掌心朝上，眼神隨右掌抹轉前視（圖 97、98）。

3. 重心漸移於左腿，右腿提起，左掌微向上移與鎖骨齊，右掌自右而下弧形抄至左掌外側。隨抄隨著臂外旋，在左手外側與左手成十字交叉，兩掌心朝裡（圖 99）。

4. 左腿漸立，仍直中有屈。右腿提起，右腳向右斜角（東南）分出，腳面自然繃平，高與胯平。同時，兩掌內旋，稍上弧形前後分開，左掌在後高與耳齊，右掌與右腳方向一致，高與眼眉齊，兩掌心俱朝外，指尖朝上，沉肘坐腕。眼隨右掌前視（圖100、101）。

(二)左蹬腳

1. 右腳下落虛懸，左腿漸下蹲。同時左掌屈肘向右弧形移至胸前，掌心朝下，右掌臂外旋使掌心朝上，並隨體沉而沉肘下落在右膝上（圖102）。

動作 2、3、4 與右分腳動作 2、3、4 相同，唯左右勢相反和左蹬腳時腳跟蹬出，腳尖翹起，右分腳方向為東南，左蹬腳方向為正東（圖 103、104、105、106、107）。

【要領】

右分左蹬腳的虛實、開合、起落，俱要做到「以腰為軸」、「上下相隨」、「一動無有不動」和「意氣相隨」、均勻柔順的要求。比如右分腳：當左腳邁出，兩掌抹轉時，左掌相隨地與左腳同出，腰同時自然地先右後左微轉，此時為合；當左腿弓步，腰右轉，右掌展出時，要求腿到手到，不可腿先到，手後到，也不能出現身體前俯或右倒，此時為開；當重心全部移於左腿時，腰要同時地向左鬆轉而帶動右腿提起，右腿提膝應與腰齊。同時左手採右掌捋抄，隨腰而合。此時應注意勿因左手移動的距離短、右手抄的距離長而出現左手等右手的現象，左手應隨腰而緩移，與右手、腰、腿一動俱動，一靜俱靜。此時為合、為蓄、為起；當右腿分出、兩掌前後分開時，左腿仍需徐徐起立，胯根微收，腰微右轉，襠微開。同時做到，腰鬆氣沉，背長胸含，肩鬆肘舒，此時為開、為發。配合以呼吸，意注內外三合，方能做到神形合一，順遂穩定、立身中正安舒。

第十八式　轉身左打虎

1. 左腳下落虛懸，右腿漸屈蹲，同時左手由上向下向右畫弧，臂內旋使掌心朝下移至右腰前。右手掌心翻朝下落至身體右側，兩手方向為南，同腰齊。隨兩手下落右移腰身稍向右鬆轉，眼隨右掌移視（圖 108）。

2. 腰身稍向左轉，同時帶動右腳尖內擺 90 度落實，使腳尖朝東北，兩手臂也隨之向左平移（圖 109）。

3. 接著左腳向西北方邁步漸成左弓步勢。同時左掌自右腰前而下經左膝上向左向上畫弧，邊畫弧邊握拳使拳心翻朝外，停於左額前上方，右掌同時漸握拳自右而前而左平面畫弧，屈肘橫臂，置於胸口前，拳心朝裡，兩拳眼上下相對。眼先隨左拳，隨勢定而前視（圖 110、111）。

【要領】

1. 凡轉體時，實腿都要鬆沉，虛腿略開胯由腰腿牽動實腿隨轉，勿用實腿硬轉。

2. 要注意上下協調，要一邊邁步，一邊鬆轉腰，兩臂隨勢左移，要邊弓步邊兩臂畫弧，腿弓到了，兩臂動作也同時完成。

第十九式　回身雙峰貫耳

1. 左腿重心不變，左腳尖內扣 90 度，同時兩拳變掌下落與左腰平，右掌心朝上，左掌心朝下（圖 112）。

2. 接著右腿提起，腰胯向右鬆轉，使身體朝東南方。同時兩臂平移稍上轉至胸前，左手臂外旋使掌心與右掌一致朝上，並隨右膝上提，使兩掌內側與膝微合（圖 113、114）。

3. 右腳向前（東南）邁出一步，漸成右弓步勢。同時，兩肘下沉帶動兩掌背下落，自胸前經右膝上向兩旁沉落分開，隨弓步兩臂內旋向前上畫弧，兩掌漸握成拳以虎口相對，兩拳相距與臉寬，稍高於頭，眼神關顧兩掌成拳相合前視（圖115、116）。

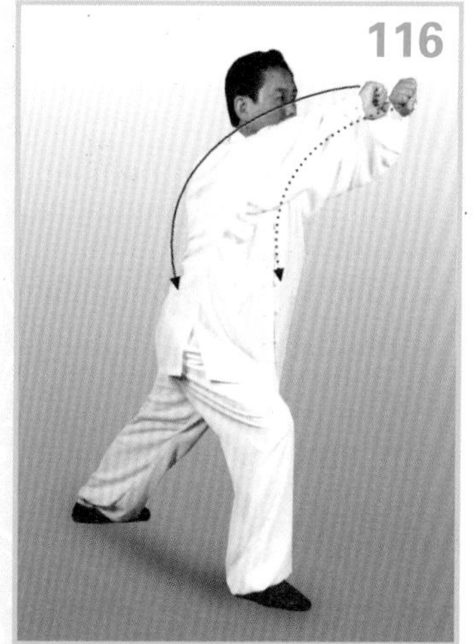

【要領】

1. 兩掌下落要與右轉體提膝勁力相合。

2. 右腳邁步時要襠勁下沉，兩掌以整體的沉勁沉著鬆淨地落下、畫開。兩拳向上時切忌兩掌外翻，勁起腳跟，由腿而腰而背，節節貫穿於兩臂兩拳。

第二十式　進步栽捶

1. 重心全部移於右腿，左腳提起，腰隨之稍右轉。同時右拳下落，向後向裡畫弧停於右腰間，拳心稍裡上。左拳變掌，隨右手下落於腹前，腕肘呈弧形，掌心朝下（圖117）。

118

2. 左腳向前邁出一步漸成左弓勢。隨弓步，腰身向左鬆轉至正前方。同時左掌向下向前經膝前向左摟至膝旁，掌心朝下，五指朝前，而右拳向前下方打，拳心向左。眼俯視前下方（圖118、119）。

【要領】

弓步、摟膝、打拳要注意先摟、再擊、弓步相隨。不可先弓步後摟擊。折腰時，自頸脊到腰脊仍要保持成直線，不可弓背、低頭或抬頭。

119

第二十一式　翻身白蛇吐信

1. 身體直起右轉（朝南），左腿重心不變，使腳尖盡量內扣。隨轉體，右臂內旋，右肘稍向上向右下微弧形平移至右肋旁，右手仍握拳橫於胸前，拳心朝下。同時左拳自下而上弧形上舉於左額前上方，拳心朝外，眼隨轉體平視（圖120）。

120

2. 重心全部移於左腿，右腳提起，身體仍向右鬆轉。同時，左掌經臉前由右小臂外弧形下落，右拳略向上向右前撇（圖 121）。

121

3. 右腳向前邁出一步，先腳跟著地。同時右拳漸變成掌，向前弧形撇出，掌心朝上，五指朝前，與鎖骨高。左掌由右小臂外稍向下向裡向上繞一淺半弧，停於右小臂裡側（圖 122）。

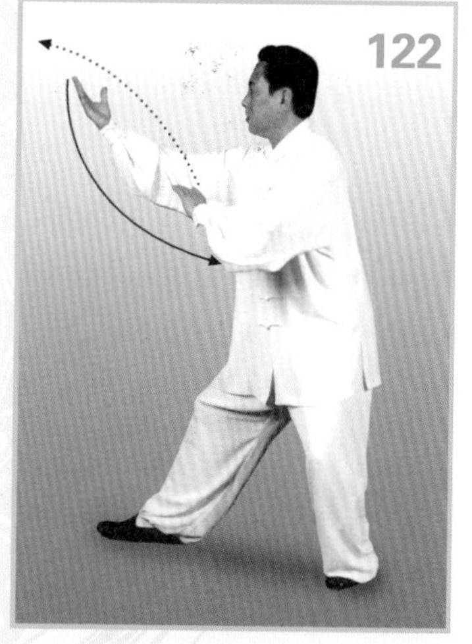
122

4. 接著右腳落實漸成右弓步勢，右肘後移，帶動右掌弧形下沉收於右腰側，掌心朝上。同時左掌由胸前經右小臂上方向前推出，坐腕，高與肩平。眼顧及左掌前推平視（圖 123）。

123

【要領】

由進步栽捶到翻身白蛇吐信，動作在意識上要貫通相連，整個動作要環環相扣，不可有停頓斷勁之處。

第二十二式　左右野馬分鬃

(一)左野馬分鬃

1. 重心不變，右腳尖外撇 45 度落實，接著重心全部移於右腿，左腿提起。同時右掌臂內旋稍向外、向上、向裡抱以弧形，使右掌心翻朝下與胸齊，左掌稍外旋下弧形抱於右掌下，掌心朝上（圖 124、125）。

2. 左腳不停，向前邁出一步漸成左弓步勢。隨弓步左掌向前上掤展再稍向左前以大拇指一側領勁弧形捌出，掌心斜朝上，高與眉齊，與左腳上下對，方向一致。右掌向右下弧形採於右胯旁前，肘微屈掌微坐，掌心朝下，指尖斜朝前，眼神關顧左掌捌出前視（圖 126、127）。

(二)右野馬分鬃

1. 重心不變，左腳尖外撇 45 度踏實，接著重心全部移於左腿，右腿提起。同時左掌內旋，屈肘收於胸前，掌心朝下，右掌向左抄至腹前，隨抄隨著臂外旋使掌心翻朝上，與左手相對成抱球狀（圖 128、129）。

2. 動作與「左野馬鬃」動作 2 相同，唯方向相反（圖 130、131）。

【要領】

移重心，起右腿，注意腰胯隨之向左或向右平穩鬆轉；兩臂攏抱時注意斂臀，背圓臂合；兩臂前後分時注意由腿而腰而背而肘而手節節相隨貫穿，肩勿起，身勿仆。

第二十三式　左右玉女穿梭

(一)左穿梭

1. 重心全部移於右腿，左腳領起。右掌心朝裡上，屈肘沉落於胸前，同時左掌屈肘移至右肘下，掌心仍朝下（圖 132、133）。

2. 左腳向西南方邁出一步。隨左腳邁出左掌經右小臂下向前微上掤，掌心仍朝下，右掌同時向右腰間沉抽，掌心仍朝上（圖 134）。

3. 重心漸前移成左弓步勢，同時左小臂內旋上掤使掌心朝外停於額前，右掌同時內旋向前坐掌推出，掌根與胸口齊。眼隨左臂掤前視（圖135）。

(二)右穿梭

1. 重心不變，腰漸右鬆轉，左腳尖盡力裡扣踏實。同時左手臂邊外旋邊向下鬆沉，掌心朝裡斜橫於胸前，右掌隨之外旋，掌心朝裡附於左肘尖（圖136）。

2. 右腳提起，身體仍自然向右鬆轉，同時右掌移至左腕處使兩掌略成十字手（圖137）。接著右腳向東南方邁出一步漸成右弓步勢，右臂相隨地內旋向前上掤，掌心朝外至額前，左掌同時由腰側向前推出、坐掌，掌根對心口。眼前視（圖138、139）。

【要領】

1. 右穿梭旋轉角度大，要注意鬆腰開胯，保持動作平穩鬆活。上手掤翻時防止肩上引，肘上抬。掤手、推掌與弓步協調一致，專注一方。

2. 玉女穿梭應為四個，叫「四角穿梭」，這裡只取其二。

第二十四式　上步穿掌

重心全部移於右腿，左腳向前邁出一步，先以腳跟著地；同時右掌向前（正東）探出，掌心朝下五指偏左，高與口齊；左臂外旋撤肘，使掌心朝上，收至心口前。接著左腳落實，漸弓左腿蹬右腿成左弓步勢；隨弓步，左掌前伸，掌心朝上五指朝前，同時右手掌心漸翻朝上，邊翻掌邊經左臂下收至肘下，當左腿成弓步時，右手掌心再翻朝下，停於左腋下。眼隨左掌前視（圖 140、141、142）。

【要領】

上步探掌與弓步穿掌，手與足的動作要同收同出，協調自然。右臂收回時要鬆肩墜肘，肘腋間要有圓活之意，不要自縛其身，左掌前穿時肩不可前探，手臂不可伸直，勁力不要上浮。

第二十五式　十字腿（單擺蓮）

1. 右腳不動，右腿屈膝使重心後移，同時左腳尖盡力內扣，腰身隨之向右後轉，兩臂基本不變形，仍以穿掌勢隨體轉而向右平移，旋轉約 160 度。眼隨左手移視（圖 143）。

2. 左腳隨扣而踏實，接著身體重心再移向左腿，隨移隨著左臂內旋使掌心翻朝下。眼神稍顧及左手翻轉（圖 144）。

3. 隨重心左移腰微左轉，隨之將右腿領起，右腳隨腰而起，迅速自下而左、而上向右弧形擺出，同時左掌迎擊右腳面，左腿也隨之長起（圖 145）。

4. 繼而右腳下落提膝虛懸，左腿屈膝沉坐，左手隨之平落於身體左側，掌心朝下與腰平，右手此時稍下沉於左腹前。眼神關顧右腳擺出而前視（圖146）。

【要領】

1. 此勢為楊澄甫先師定型「楊氏太極拳套路」前的動作，即「單擺蓮」。單擺蓮與後面的「雙擺蓮」一樣，用右腳的外側橫勁向外擺出，無論是用單手拍腳或用雙手拍腳，都是用腳拍手，手掌迎擊腳面而已，所謂拍出的聲音，也只是增強腿部發力，增加威懾效果，並無實際意義。

2. 在身體重心左右移轉時，身、腰、胯、腿、膝等諸關節要上下隨動，要鬆活平穩，勿使有死勁，勿使有起伏。兩臂由前到後，肩肘手以及腋下均有鬆活圓順之意。左掌平移時，勁點在小手指側，隨著翻掌要有壓合之意，有封、拉、採、拿、帶之意。

第二十六式　進步指襠捶

1. 右腳向右前斜方上步，先以腳跟著地，同時右手握拳，腰身微向右鬆轉（圖147）。

接著右腳踏實，重心前移，漸變成右弓步勢。隨弓步，體右轉，右拳自左向上、向前、向右下臂外旋弧形翻轉，使右拳心朝上，沉於右腰前，而左手同時自左向前弧形平攔，掌心朝右下，與右拳距尺餘，眼神關顧兩手搬攔前視（圖 148）。

2. 重心全部移於右腿，左腳向前邁出一步，腳跟著地，同時兩手跟著向後稍沉抽，使右拳收於右腰旁，拳心朝上，左掌收至腹前，掌心朝下，仍與右拳保持尺餘，眼神稍關顧兩掌回收（圖 149）。

3. 接著重心前移漸成左弓步勢，腰胯向左鬆轉身體朝前，同時左掌向右向前向左摟至左膝旁，掌心朝下五指朝前，隨摟膝身體微朝前俯，右拳向前稍向下擊出，拳心轉朝左，拳眼朝上，高與腹齊，眼隨右拳前視（圖 150）。

【要領】

由單擺蓮左腿下蹲到做指襠捶上右腳，再上左腳，每勢俱要清楚連

貫。兩臂自左向右搬攔要勢隨勁連，腰、腳、手要做到協調，均勻，順活。出拳時腰催肘，肘催拳，沉腰胯，拔背，體隨拳俯，身形與腿隨，勿使臀撅，腰塌，背躬。

第二十七式　上步攬雀尾

1. 左腳尖外撇踏實，身微左隨。同時，左手自下而上臂外旋上掤，掌心朝裡抱於胸前，此時右拳變掌臂內旋，使掌心沉翻朝下（圖 151）。接著重心全部移於左腿，右腿領起，小腿自然下垂，同時左臂內旋使掌心朝下，高與左胸齊，右手抄於左手下，臂外旋掌心朝裡上，使掌心相對，弧形抱於體左側（圖 152）。

2. 動作 2 與第二式攬雀尾中右掤動作 2（圖 10、11、12）同，（圖 152、153、154）。

接下來搌、擠、按與第二式的搌、擠、按（圖 13～22）同，（圖 155～164）。

要領與第二式同。

154

155

156

157

158

159

160

161

162

163

第二十八式　單鞭下勢

(一)單　鞭

動作與第三式「單鞭」（圖23～28）同（圖165～170）。

要領與第三式「單鞭」同。

167

168

169

170

(二)下　勢

1. 右腳尖外撇踏實，重心稍後移，右吊手不變，隨右腳外擺而微後移展，左手外旋使掌心朝右，手指朝前（圖171）。

2. 接著重心繼續後移，右腿漸屈膝下蹲成左仆步。同時，左臂漸屈肘裡收下沉，左掌仍坐腕，五指朝前，經胸前弧形而下，由左腿裡側前穿（圖172、173）。

【要領】

當右腳尖外撇、重心微後移時，周身骨節均需鬆開，重心亦應往後下落，而不是向右腳上坐。重心下落時身要正，不要前俯。左肘回轉時，肩肘鬆活，並以腰引肘，肘帶腕，柔順圓活，勿使有死點。

第二十九式　左右金雞獨立

(一)左獨立勢

1. 隨著左掌前穿，左膝漸朝前弓，右腿漸蹬成左弓步勢。隨左膝前弓，左腳尖外撇踏實，同時右吊手漸變掌下移至右胯旁，掌心朝裡，左掌前穿，掌心朝右，五指朝前（圖 174）。

174
175

2. 重心繼續前移，腰隨勢稍左轉，右腿隨即提起，以膝領足，膝上頂與腰平，小腿自然放鬆下懸。同時左腿漸立起成左獨立勢，左手內旋弧形摟至左胯旁，掌心朝下，五指朝前，而右掌隨右腿起向前上弧形上托，屈肘置於面前尺餘，手指朝上，高與眉齊，掌心朝左（圖 175、176）。

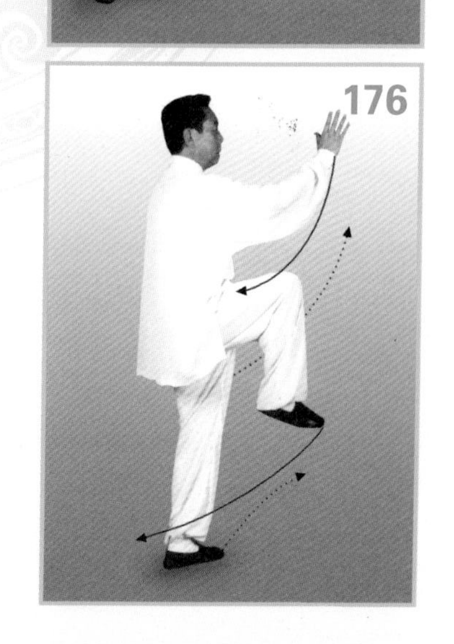
176

(二)右獨立勢

左腿漸下蹲，右腳向左腳跟旁一腳許下落踏實，隨即重心移於右腿。隨重心右移左腿漸起，以膝領足，膝尖上頂與腰平，小腿自然放鬆下懸，同時右腿漸立起成右獨立勢，右掌由上向下臂內旋置右胯前，掌心朝下，手指朝前，左掌隨左腳起向前上弧形上托，屈肘置於面前尺餘，手指朝上，高與眉齊，掌心朝右，眼隨左右手上托前視（圖 177、178）。

【要領】

由單鞭到下勢，由下勢到左右獨立，形若波瀾，前後上下運動要「動急則急應，動緩則緩隨」，活潑於腰，氣通九曲，柔韌、協調而圓活。左右獨立勢的一起一落，肘與膝、手與足之間上下相隨，意氣相連。勢定時，注意收胯斂臀，長腰拔背，勁貫四梢，神情自然。

第三十式　退步七星

1. 左腿向後偏左撤一步，先以腳掌輕著地，腳跟稍內收踏實，隨即重心移於左腿，右足稍提起。同時左手稍收握拳停於胸前，拳心朝右下，右手由下向上弧形收至左腕前，隨收隨握拳，使掌心朝左下，隨重心後移，使兩拳弧形回抱於胸前。眼神略關顧兩掌變拳回收（圖179）。

2. 接著右腳向前半步落下，腳掌落地成右虛步勢。兩拳同時前掤微撐，高與鎖骨齊，眼神隨兩拳前視（圖180）。

【要領】

「七星」指人的頭、肩、肘、手、胯、膝、足這七個部位。動作要求做到「分清虛實」、「手腳相隨」，勁掤而不僵，體鬆而不軟。

第三十一式　退步跨虎

1. 左腿仍屈膝坐實，右腳稍提即向右後撤一步，先以腳掌輕著地。同時兩臂稍向下鬆沉，兩拳漸變掌，右臂外旋，使掌心朝上，左掌心朝下，兩腕部仍相交，兩臂呈弧形（圖181）。

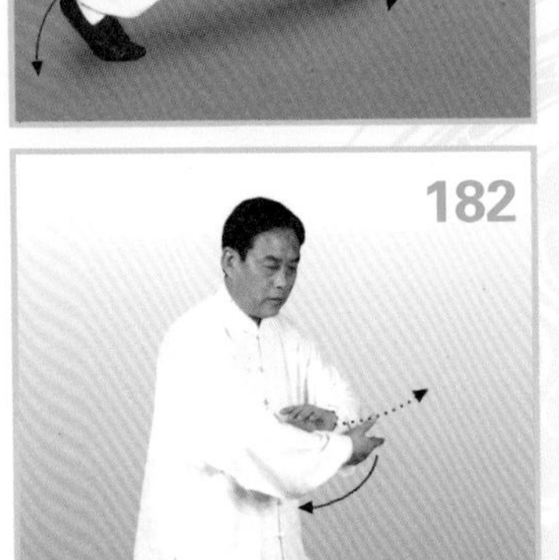

2. 接著右腳跟內收落實，重心後移，左腿隨勢領起，腰向右隨轉，兩掌下落分開，右掌向後向外上方弧形展開，左掌稍向前下沉，眼隨右掌移視（圖182、183）。

3. 繼而腰左轉使身體朝正前方，左腳虛步下落，腳掌著地。同時右掌仍弧形上舉於身體右側上方，高與頭齊，掌心朝前，左掌隨體轉身自前而左弧形落於左胯旁前，掌心朝下，手指朝前。眼先關顧右掌向右畫弧，隨勢定而前視（圖 184）。

184

【要領】

左右腿的虛實轉換乃腰胯的旋轉要順遂自然。身體不可忽高忽低，或俯或仰，或左右偏擺。兩臂在沉落旋轉開展之中，要舒展圓活，與腰腿配合自然。

185

第三十二式　轉身擺蓮

1. 左掌自左胯旁向外向上弧形移至左額前，掌心朝前，右掌自上向右向裡弧形稍下落，經右肋旁推至胸前，掌心朝左前，兩臂呈弧形，兩腿仍成左虛步，但腰要鬆活（圖 185、186）。

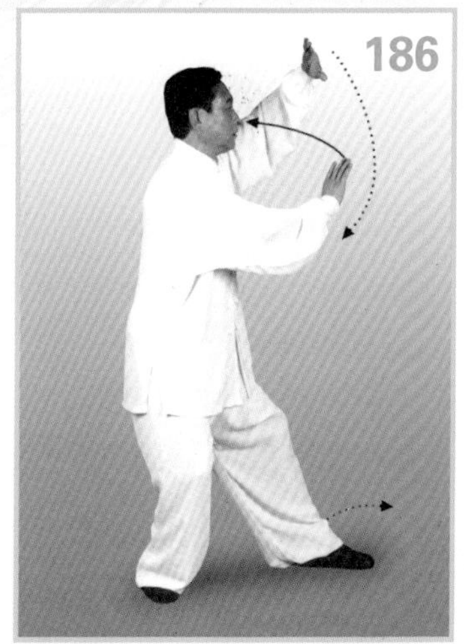
186

187

2. 以右腳為軸，重心落在右腳掌，腰身向右後轉，帶動左腿內旋；同時兩掌向右後運轉，右掌起左掌落，右掌從左臂內側隨起隨展高與鼻齊，左掌漸落與胸平，兩掌心皆朝下，眼隨右掌前視（圖 187、188）。

188

189

3. 隨身右轉不停，左腳踩地而起向右掃擺至西北方落下。此時右手仍在上在前，左手仍在下在後，兩手臂方向朝東南，身體朝東北，兩腳尖也朝東北，重心仍在右腿，眼朝右手方向前視（圖 189）。

190

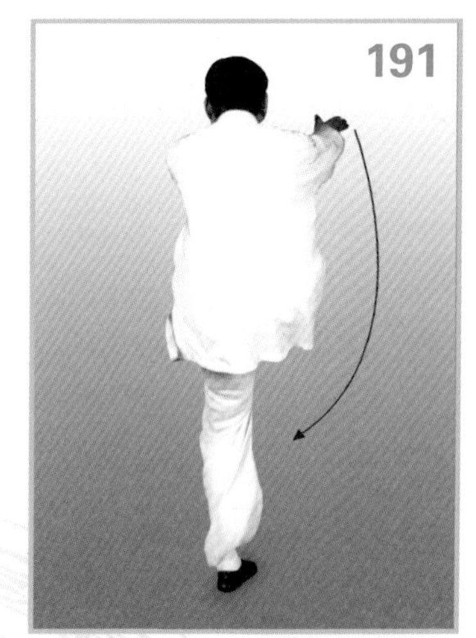
191

191附

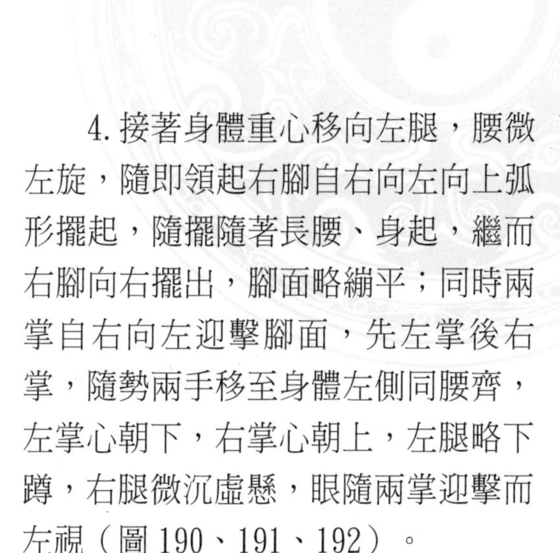

4. 接著身體重心移向左腿，腰微左旋，隨即領起右腳自右向左向上弧形擺起，隨擺隨著長腰、身起，繼而右腳向右擺出，腳面略繃平；同時兩掌自右向左迎擊腳面，先左掌後右掌，隨勢兩手移至身體左側同腰齊，左掌心朝下，右掌心朝上，左腿略下蹲，右腿微沉虛懸，眼隨兩掌迎擊而左視（圖 190、191、192）。

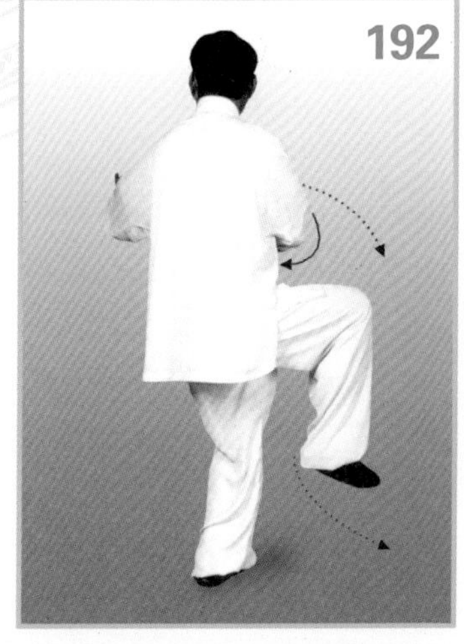
192

【要領】

做「轉身擺蓮」動作要充分體現楊澄甫先師曾說過的「柔腰百折若無骨，撒去滿身都是手」的精闢論言，其要點「柔腰」。比如：做動作 1 時，兩臂圓轉，左虛步勢雖不變，但要膝屈襠圓，胯落腰鬆，注意腰隙間順勢動而內隨，氣息調節，勁貫四梢，內力充實。當身體旋轉時，要重心全部落於右腳掌，沉胯，內氣潛轉，腰身右旋，由兩肩肘鬆柔的起落右運，帶動腰圍向右平移轉，而左腳略踩地即起，隨腰外旋，促身圓轉。整個旋轉動作，皆以腰胯為動源，臂領腿促，上中下協調一致，鬆活自如，穩定平穩。而不是單靠扭身或靠左腿的畫圈拋動使其旋轉，及至完成拍腳動作和下一勢「彎弓射虎」動作，均要有「楊柳擺春風」之盎然意趣。

第三十三式　彎弓射虎

1. 腰向右鬆轉，右腳向東南方邁出一步，先以腳跟著地。隨轉腰帶動兩臂平移身前，右掌心仍朝上，左掌心仍朝下（圖 193）。

2. 右腳漸踏實，重心前移，兩臂向西南方弧形展出。接著，重心移向右腿成右弓步勢。同時，兩掌漸握成拳，屈肘向右上挑起，再向東北角打出，隨兩臂挑打，右拳內旋，拳心朝外停於右額前拳許，左拳經胸前向東北角擊出，拳心朝右，高與胸平，臂直中有屈。眼先顧及兩手向右上繞，再隨左拳前視（圖194、195）。

【要領】

「彎弓射虎」接前勢時要動作連續，兩臂右開、上挑、左擊要隨勢圓順，勿要抬肘、聳肩、身撲。

第三十四式　進步搬攔捶

1. 左腳跟微內收，重心移於左腿，隨移右腳尖微內收，腰漸左鬆轉。同時左拳變掌，經右拳下向左回擺，隨擺隨著臂外旋使掌心朝裡上；右拳同時略向下向前經左掌上前伸，拳心朝上，高與胸齊。此時，左掌抱於胸前尺許，與右肘齊（圖196）。

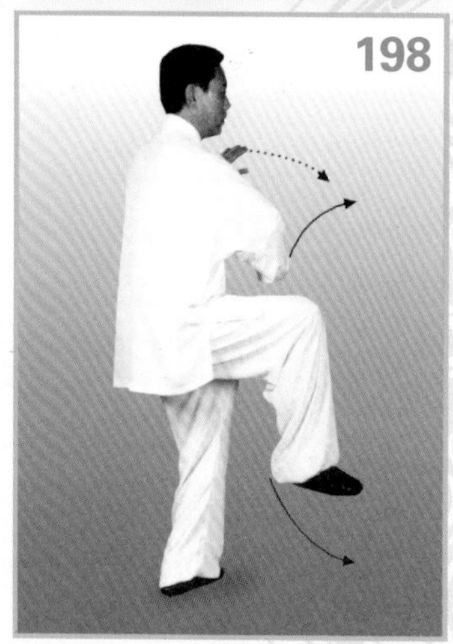

2. 重心全部移於左腿，右腳先腳跟後腳尖離地提回，同時左掌向體左側弧畫，隨畫隨著臂內旋使掌心翻朝右側方坐掌，高與肩齊，右拳自前向下向左腹前屈肘回收，拳心朝下，兩臂呈弧形（圖 197、198）。

3. 右腳向右前斜方邁出一步，同時右拳向前上微提，左掌屈臂附於右手腕部（圖 199）。接著右腳尖稍外撇踏實，重心漸前移成右弓步，隨弓步右拳臂外旋上弧形向右前搬出，拳心朝裡上，左掌隨右拳搬出附於右小臂內側（圖 200）。

4. 重心全部移於右腿，左腳隨著跟起，同時右拳向後下微沉抽，拳心朝上，左掌向前微推（圖 201）。

5. 左腳向前邁出一步，先腳跟著地，左掌隨之前推，右拳沉抽到腰際（圖 202），接著左腳落實漸成左弓步勢，右拳隨之前擊，邊出拳邊內旋使拳心朝左，左掌稍向左攔沉肘回收於右肘內側，指尖朝上，眼平視（圖 203）。

【要領】

搬攔捶動作腿法上要連續，中間不要停頓。手與腳要配合一致，開合有序，出拳時，要做到拳由心發。凡握拳，四指蜷曲，指尖輕貼於掌心，拇指壓在中指中節，拳背與小臂平齊，腕關節不可上下裡外扭拗。

第三十五式　如封似閉

1.腰胯稍鬆沉，右拳變掌外旋微伸略沉，使掌心朝上，左掌放平掌心朝下，稍向右肘下移（圖204）。接著重心後移，右手稍向左移，並使右手肘回抽於右胸前，左掌外旋經右手臂下向前微掤，掌心朝裡（圖205）。

2.重心仍後移，腰微左轉，身體朝正前方。同時兩掌左右分開，隨分隨著臂內旋使兩掌心相對，接著兩腕微下沉按，掌心朝前下停於胸前（圖206）。

3. 重心前移漸成左弓步勢，隨弓步兩掌微上弧形向前推出，坐掌，腕與肩平。眼向前平視顧及兩掌推出（圖 207）。

【要領】

兩掌隨重心回封時，要鬆肩墜肘，兩肘略分，微含掤意，不要夾肋自縛其身。兩掌推出時，鬆肩沉腕肘，襠勁略下沉。

第三十六式　十字手

1. 重心不變，體右轉，腳尖扣 90 度。隨轉體兩掌微內旋，兩肘微圓撐，兩臂等距離地隨體上移至額前，掌心朝外，眼隨轉體平視（圖 208）。

2. 重心全部移於左腿，右腳跟離地，體微沉，同時兩臂呈弧形左右分開，落與肩平，兩掌心朝前下，眼神顧及兩掌分開，略偏視右掌（圖 209）。

210

3. 接著右腿提起，落於左腳旁與肩同寬，兩腳平行，成小開步。同時兩臂繼續弧形下落合抱於腹前，右手在下（外）左手在上（裡），兩掌心朝裡下，腕部相交，兩腿仍屈蹲，眼神顧及兩掌合抱前視（圖 210）。

211

4. 身體漸漸立起，同時兩手上掤於鎖骨前，隨掤隨著臂外旋，使掌心朝裡，右手在外，左手在裡，仍腕部相交成十字手勢，眼隨手前視（圖 211）。

【要領】

兩手上舉時肩肘務須鬆沉。整個十字手的運動，要做得圓活鬆淨，飽滿柔韌。兩膝屈蹲時，身體不可前俯，身體立起時，不可後仰。注意收住尾閭，虛靈頂勁，勁貫足跟。

212

第三十七式　收　勢

兩掌向前伸，同時兩臂內旋使兩掌心轉朝下，左手經右手背上左右分開同肩寬，隨即兩肘下沉，自然帶動兩掌徐徐下按至兩胯旁前，手指朝

前，掌心朝下。最後，兩臂與兩手自然下垂，左腳也輕提起落下與右腳併攏，收回，眼向前平視（圖 212、213、214、215）。

【要領】

收勢，也叫合太極，由動變靜，徐徐收斂心意氣息，最後，眼神也要自然收斂。

213

214

215

導引養生功 系列叢書

◎ 1. 疏筋壯骨功
◎ 2. 導引保健功
◎ 3. 頤身九段錦
◎ 4. 九九還童功
◎ 5. 舒心平血功
◎ 6. 益氣養肺功
◎ 7. 養生太極扇
◎ 8. 養生太極棒
◎ 9. 導引養生形體詩韻
◎ 10. 四十九式經絡動功

陸續出版敬請期待

張廣德養生著作

每冊定價350元

全系列為彩色圖解附教學光碟

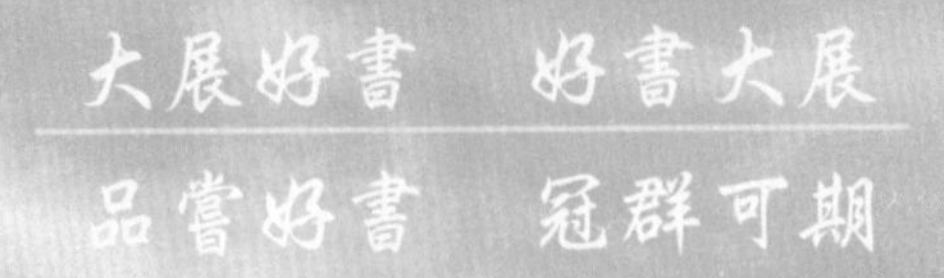
大展好書　好書大展
品嘗好書　冠群可期